Antología Poética
Tiempo para un café

Mauricio Molina

Reservados todos los derechos. No se permite la reproducción total o parcial de esta obra, ni su incorporación a un sistema informático, ni su transmisión en cualquier forma o por cualquier medio (electrónico, mecánico, fotocopia, grabación u otros) sin autorización previa y por escrito de los titulares del copyright. La infracción de dichos derechos puede constituir un delito contra la propiedad intelectual.

El contenido de esta obra es responsabilidad del autor y no refleja necesariamente las opiniones de la casa editora. Todos los textos fueron proporcionados por el autor, quien es el único responsable sobre los derechos de los mismos.

Publicado por Ibukku
www.ibukku.com
Diseño y maquetación: Índigo Estudio Gráfico
Copyright © 2020 Mauricio Molina
ISBN Paperback: 978-1-64086-690-4
ISBN eBook: 978-1-64086-691-1

Despierta, tu corazón aún late

No ha vivido más aquél que cuenta más años sino aquel que ha sentido más, creado más y entregado más. Ya sean columnas de mármol, oleos en lienzos, palabras de amor o abrazos sinceros; aquel que ha tocado íntimamente las fibras del alma de otras personas o maquinado instrumentos que cambien el pensar de los demás a través de tiempo y distancia, es quien verdaderamente ha vivido, sin contar si sus años fueron muchos o pocos, sino que han dejado huellas, alejándose del fracaso de aquel que construye murallas de humo, que simplemente vino al mundo para morir.

Hay quienes viven mucho en poco tiempo.
Hay quienes mueren para empezar a vivir.
Y hay quienes viven muertos.

Despierta, tu corazón aún late.

.

Índice

Despierta, tu corazón aún late	3
Amor sin anestesia	7
Así te he de recordar	8
Aún me mira tu recuerdo	9
Aunque no sea ahora	10
Ausencia que recuerdas	12
Beso carmín	13
Beso Carmín II	14
Brinda	15
Casi invisibles	16
Con el último de los suspiros	17
Con pensamientos ajenos	18
Cuando deje de extrañar	19
Despojos	21
Día a día	22
El que se enamora pierde	23
Ella	24
Esta vida sin ti	25
La soledad no es...	27
Más de lo que te extraño	28
¿Me permites?	29
Mi dulce fortuna	31
No se está solo	32
Para amarnos	33
Pecado añorado	35

Por si alguna vez vives	36
Quiero llevarme la vida	37
Sofía	39
Soy como el fuego	41
Tan sólo te vea pasar	43
Tómalo o déjalo	45
Tu figura desnuda	46
Un tercero	47
Y la boca me sabe a café	48
Yo soy el vino	49

Amor sin anestesia

Menos mal que fue corto
Menos mal que fue certero
Y que no usó analgésico alguno
Ni colchón, ni paracaídas.

Menos mal que existió tu silencio
Que no fingiste más muecas de las necesarias
Menos mal que metiste el dedo en la llaga.

Porque si este amor me hubiese durado
Tan sólo unos días más
De seguro me mata.

Mauricio Molina

Así te he de recordar

Te di mi sangre, y es todo lo que vi,
te di mi voz, pero nunca la escuché,
te confundías entre mi sangre y mis lágrimas,
pero no pude ignorar tu presencia.

Me habías brindado sueños,
si hubiese podido, hubiese callado,
a nadie le duele la ignorancia,
pero ocultar la felicidad tan anhelada,
si de momentos estamos hechos,
como un reloj de arena y espacio,
espacio que has dejado en mí,
que has dejado en mis entrañas,
que has dejado en mi alma.

Y no me importa lo que diga la gente
me duele lo que tú no dirás,
lo que no escucharás, lo que no mirarás,
lo que guardé para no darte,
lo que te di sin pensar,
lo que me entregaste con tus diminutas manos.

De quien ya sintió el dolor de la muerte
sin haber sentido el dolor de la vida
y aunque todos nacemos para la muerte
algunos no alcanzan a ver la luz del día.

Eres el niño que nunca creció,
el hombre que nunca envejeció,
el viejo que nunca murió,
el ser que nunca sufrió
y así te he de recordar.

Aún me mira tu recuerdo

En el silencio de mi tumba
naufraga el recuerdo
mientras se pasea la soledad en balcones viejos
mientras el día cae en penumbra.

Ya lo único que pasa por aquí es el viento
enredado con uno que otro recuerdo
astillando las heridas del tiempo
como si fuera poco vivir muerto.

Un pocillo de café
que cada día se tiñe más oscuro
las picaduras de los zancudos
las arrugas en la piel
el fantasma de un amor
que se quedó escondido tras una rendija
mientras se pasean lentamente
sueños de la mano de pesadillas.

¿Por dónde se escapaban los pedazos?
De las ilusiones que yo no conocía
no recuerdo más rendijas en el cuarto
o siempre estuvo la habitación tan vacía.

Aunque no sea ahora

Debo inventarte cada noche
para no despertar tan solo
para no perderme entre las sábanas
para no naufragar entre los sueños

Porque sólo tú calmas
sólo tú ves, sólo tú sabes
mis temores, mis rodillas, mis soledades
la colección de tristezas.

No importa si te miro a los ojos
y no veo nada
no importa si te abrazo a mi pecho
y sólo siento mis manos
no importa, tú estás cuando yo te evoco
y no te irás de mí
aunque el universo entero te evoque.

Eres ahora, eres ayer, eres mañana
y siempre serás
la parte más real de todas mis fantasías
la esencia más divina de todos mis pecados
y la fuente más cálida
de mi helada existencia.

Y te esperaré hasta cansarme el alma
y aun después, respiraré profundo
hasta sentir que estallen mis pulmones
con tu aliento
y te seguiré esperando
porque sé que vendrás
que me buscarás
que me hallarás
que me amarás
como nunca,
como nunca nadie lo hizo
como nunca nadie lo hará.

Aunque no sea hoy
aunque no sea ya
aunque no sea ahora.

Ausencia que recuerdas

Innumerables
Los signos de tu ausencia
Perdidos en un mar sin orillas,
Gaviotas de violencia
Que violan el silencio
De la habitación en que por ti
Espero de rodillas.

Ausencia que recuerdas la distancia
Que empolvas los deseos
De la voz que vive contigo.
Y rondas las paredes
Como un león ciego
Austero, fantasma
Que hurtas mis palabras.

Mis palabras
Que cantan de ventanas y de mañanas,
Y me recuerda
Que ya no estás, que ya te fuiste.

Beso carmín

Tus besos lentos se me van
en los acongojados sentimientos ajenos
de miradas pálidas en muros claros
como llantos y gritos formando turbios aquejos.

Con uñas que rasgan la pared
que rasgan tu piel
mientras cabalga mi respiración
por los montes áridos de tus senos
mientras cae la taza de café
que se esparce como el pudor sobre el miedo.

Nada estorba,
ni aquel pequeño rayo de luz
que se escapa por la ventana cuadriforme
con miradas hacia otras dimensiones
momentos de vida que se detuvieron
para nosotros.

Y los pilares de tus piernas
apoyadas en mis rodillas
cual firme monumento que dice nunca doblegarse
el cual sólo derrumbaría nuestra ciega ansiedad
de sentir mi pecho sobre tus senos
y el zumbido de una voz que cojea.

Zumbidos de los mismo labios
que por momentos vibraban
los cuales prometí no soltar
hasta que se gastaran
los cuales disfruté besar
mientras sangraban.

Beso Carmín II

Tus besos lentos se me van
en los acongojados sentimientos ajenos
de miradas pálidas, en muros claros
como llantos y gritos, formando turbios aquejos.

Con uñas que rasgan la pared, que rasgan tu piel
mientras cabalga mi respiración
por los montes áridos de tus senos
mientras cae la taza de café
que se esparce como el pudor sobre el miedo.

Nada estorba
Ni aquel pequeño rayo de luz
que se escapa por la ventana
con miradas hacia otros mundos
momentos de vida, que se detuvieron para nosotros.

Y los pilares de tus piernas
apoyadas en mis rodillas
cual firme monumento, que dice nunca doblegarse
el cual sólo derrumbaría, nuestra ciega ansiedad
de sentir mi pecho sobre tus senos
y el zumbido de una voz que cojea.

Zumbidos de los mismos labios
que por momentos vibraban
los cuales prometí no soltar
hasta que se gastaran
los cuales disfruté besar
mientras sangraban.

Brinda

Si estás solo
Y esperas a alguien
Brinda por tu soledad.
Si estás solo
Y no esperas nada
Sólo brinda.

Si estás triste
Y encuentras la felicidad
Brinda por tus tristezas pasadas
Si estás triste
Y no tienes esperanza
Sólo brinda.

Brinda, brinda y brinda de nuevo
No dejes de brindar
Hasta que te embriagues de tus sentimientos.

Casi invisibles

Ahora sí estamos sólo...
tú y yo
completamente solos
casi invisibles
casi puros.

Comenzamos a comprendernos,
a dibujarnos el alma,
a recorrer viejas cicatrices,
callejones de huesos,
campos de cabellos y uñas,
ríos de sudor y sangre,
compartiéndonos todo,
el hambre y los piojos,
el regocijo de haber sobrevivido
a las tormentas de lágrimas,
a las tempestades de gritos
dándonos nuestros hijos
de cebolla y trigo,
los mismos que alimentamos
con pedazos de almohadas,
con juguetes de madera.

Al fin alguien que me entiende
alguien a quien entender
alguien que me escucha cuando callo
alguien que me ama cuando amo.

Con el último de los suspiros

Me enamoro más de ti
con el caer de cada noche
y el cerrar de cada párpado,
con el último de los suspiros.

Y cuando puedo ser viento
para rozar suavemente la hierba
y enredarme en tu pelo,
cuando puedo ser lluvia
para caer con la brisa
y fundirme en los ríos.

Entonces cabalgo hacia ti
abrazando tiempo y espacio
me confundo y me callo
todos los errores son sólo un fallo.

A veces logro descansar en tu regazo
antes de que el tiempo anuncie un renacer
cuando mis oídos a tu voz sordos vuelven a ser
y la luz se clave en mis párpados.

Me alejo de ti
cuando más te he encontrado,
me alejo de ti
para poder buscarte
y me despierto al sueño,
el amanecer ha llegado
al mundo de imposibles
el amanecer ha llegado.

Con pensamientos ajenos

Con pensamientos ajenos
visto tu inocencia
de colores y sabores
para vivos e inertes.

Con la paciencia de una madre
que espera
a un hijo secuestrado
a un hijo que no viene
con los aromas de un niño
que encontró a la calle
como madre,
como vientre.

Te pondré zapatos diferentes
pues los pobres no tenemos elección
y en tu boca se asomarán los dientes
de mi niña que nunca sonrió.

Te cambiaré de traje a menudo
pues la vida no es igual para todos
no tendrás nombre sino apodos
aunque sé que extrañaré
tu cuerpo desnudo.

Cuando deje de extrañar

A veces, el amanecer me escucha llorar a escondidas
Como un niño perdido
Como un árbol herido.

Atado a tu figura
La mañana me extraña
En la mañana
Hasta marcharse cansada de esperar
Hasta esperar de nuevo a que llegue la mañana.

Y naufrago de todo lo existente afuera
En las pesadas sábanas secas
Entre la tormenta de tu cabello
Y el huracán de tus suspiros.

Tu amor me ha atado
Pero él no tiene la culpa
Tu amor es ciego
Tu amor es infinito
En un mundo en donde todo acaba
Día tras día.

Tu amor suicida me da vida
Pero no las ganas de vivir
Las ganas se mueren
Justo después de hacer el amor.

Y mañana la mañana
Me seguirá esperando
Mientras te juro
Que te extraño amor
Casi tanto como a la libertad.

Mientras espero a que llegue la mañana
A que llegue mi mañana
En que deje de jurar
En que deje de extrañar.

Despojos

Se me van los años
y con ellos la vida
se apaga con rapidez
la luz de mis ojos,
se van quedando desnudas
las ilusiones vividas
por mí ha pasado cronos
y sólo ha dejado despojos.

Caminar por el sendero de la vida
de la mano con la muerte
es el día a día sin salida
es el rastro que confundo con mi suerte.

Es el soñar la ilusión de la vida
es el soñar la esperanza inerte
es lo único que acepta el alma por comida
pero hoy yo sólo sueño con la muerte.

Ahora odio los espejos
porque en ellos me reflejo
pero no igual que antes
pues ahora soy un viejo.

Mis manos no son más fuertes
mis piernas tiemblan con el viento
dónde hemos de quedar los valientes
si al suelo hoy es a al único que tiento.

Camino impetuoso ante la vida
pero la muerte es la única que me ve pasar
es muestra esto de que ya no hay salida,
es mi única salida, un adiós sin pensar.

Día a día

Cuándo vendrás
susurro del viento
me tienes harto
harto de espera, harto de ansias.

Podrido de luna
y mi habitación se inunda
de agua de mar
verde, agua, verde.

Ya no sé qué hacer
cuando no sé qué hacer
con este sentimiento lleno de harapos.

No sé, no sabría
cuánto puedo aguantar
antes de que empiece a odiarte
y me coma tu imagen
y vomite tu espera
y destruya tus santos
no para que se arrepientan,
no.

Para que se posen
en mi pecho
un segundo,
una edad eterna,
para que se deleiten
de este sufrimiento
que florece,
que gozo
día a día.

El que se enamora pierde

Sus ojos color miel no decían mucho
Pero su boca turbia y misteriosa
Me dijo, "es un juego".
Y como todo en esta sorda vida
Tiene sus reglas, azares y política
Entonces me acerqué un poco
Y sus labios como un desierto
Me besaron.
Allí susurró el nombre de aquel juego despiadado
"El que se enamora pierde".
Casi sin aliento respondí.
"Lo sé".
Y perdí.

Ella

Ella dejó sus lágrimas
En mi almohada
No sé, ¿por qué?

Pero ahora
Cuando me acuesto
Me ahogo en su llanto
En su tristeza que no cesa.

Cómo puedo disimular
Tanto espacio en esta cama
Pariendo sin terminar
Sueños de quien no me ama.

Segundos antes
De la hora exacta
De cuando pierdo toda noción
Mi imaginación falsamente pacta
En este teatro la próxima función.

Esta vida sin ti

Esta vida sin ti
me sabe a frío
me sabe a libro abierto
nada en mí galopa más,
todo es plácido
como la muerte de una hoja,
los días son sólo días,
el viento apenas sopla,
el ave apenas canta.

La tierra sin ti
es ancha y plana
los horizontes
ya no son promesas
son figuras
óleos y acuarelas,
ya no parece
que el calendario bailara
pero aún lo hace
porque lo he oído
porque lo sé
porque lo siento.

Son bambucos y pasillos
son noches y tangos.

Esta vida sin ti
es tuya
aunque lo ignores
muchacha de lana
mujer de secreto
reclama lo tuyo
tu verdad
ignorante y ciega
te odio como a la cebolla
y maldigo tus cadenas
galopa en una nube
caballo sin ojos
vuela como sabes
golondrina sin canto
para que te escuche
para que te espere.

Esta vida sin ti
no muere,
esta vida sin ti
es eterna.

La soledad no es...

Este amor se pudre con el tiempo,
apenas queda todo, apenas queda nada
pocas hojas que aún no arrastra el viento,
la habitación cada vez más ancha.

Albergo este sentimiento en mi vientre
esperando beber de tus senos
olvidando los hijos que murieron en mis manos.

La soledad no es estar solo
la soledad es el dolor en el alma,
no es extrañarte, es no tenerte
no es el dormir, es el despertar
no es la luna, es la noche
no es la caricia que no viene,
es el suspiro que se va
no es la noche fría y larga,
es la noche que no acaba
no es la ventana, es su reflejo
no es dónde estés, es que no estás aquí
no es que te espere,
es que no vienes.

Más de lo que te extraño

Extraño el silencio
De nuestro despertar
Pero hoy me conformo
Con despertar en silencio.

Extraño el mirarnos a los ojos
Sin razón alguna
Ahora me sobran razones
Pero me falta mirarte.

Ya no me importa nada
Nada que no extrañe
Nada que no necesite.

Extraño el pocillo, el café y el azúcar
Extraño el amor con que nos alimentábamos
Extraño el pan y el orégano, extraño tu vientre
Me sobra el pan y el orégano, extraño tu vientre.

Necesito tu música, tu risa, tu ruido
Casi tanto como a ti misma,
Y entre tanta necesidad y entre tanto extrañar
Entre tanto pan y orégano, entre tanto silencio y tanto despertar,
Te necesito a ti, más de lo que te extraño.

¿Me permites?

Buenas noches.
¿Me permites?
Tan sólo he venido
Para olvidarte.

A veces pareces inofensiva
Así
Callada y distante
Por eso he venido
Para olvidarte.

Porque mi ánimo ya no tiene aliento
Porque mi sonrisa se derritió
Por aquellos quejidos y otros lamentos.
Por eso he venido
Para olvidarte.

Porque a ti no te importa y a mí me tortura
Porque se me gasta el tiempo que tú desperdicias
Porque sigo gritando y tú sigues tan sorda
Por eso he venido
Para olvidarte.

Porque los mensajes que no mandas
Son los más claros mensajes
Porque las llamadas que no me haces
Son las más tristes llamadas
Porque cerré los ojos y vi mi futuro.
Por eso he venido
Para olvidarte.

Porque tu indiferencia me ha dado fuerzas
Porque yo mismo lamí mis heridas
Porque yo solo me he acompañado.
Por eso he venido
Para olvidarte.

Gracias.

Me despediría de ti
Pero ya te olvidé.

Mi dulce fortuna

Soy quien pide sólo amor
y es amor el que me guía
la huella tibia de tus pasos
mujer de tarde sombría.

Soy la extensión de tus brazos
los brazos poseedores de mi pena
mi único consuelo, mi sentimiento mejor
fuerza que impulsa la sangre por la vena.

A tu lado abandono todo temor
el hambre el frio y la duda
es tu risa mi sentir
y tu voz deja mi alma muda.

Soy si acaso, sólo un vivir
y vivir por ti es mi locura
aunque ya no sea yo
mi pena es mi dulce fortuna.

No se está solo

No se está solo
Hasta que sólo se está consigo mismo
Hasta que la cama tan sólo nos sirva para dormir
Y el amanecer tan sólo para despertar.

No se está solo
Hasta que ella o él se hayan marchado
Y se llevan consigo hasta a la soledad.

No se está solo
Hasta que la soledad te abandone,
Y los días tan sólo sean días
Y las noches tan sólo sean noches.
Y que mires como quien busca y que suspires como quien espera

Cuando veas el final
Cuando entiendas que no queda nada más
Pero ya no sientas miedo
Entonces estarás solo.

Para amarnos

Nos casaremos en primavera
para amarnos todo el verano
para pasar juntos el otoño
para extrañarnos en invierno.

Nos casaremos con las flores
nos dormiremos en la tierra
nos miraremos como el agua
nos besaremos con el alma.

Yo seré el árbol
el que no desmaya,
tú serás la tierra y mis entrañas,
caeremos juntos
una y mil veces
ganaremos estas
y otras batallas.

Casémonos ahora
para divorciarnos nunca
Divorciémonos nunca
para amarnos siempre
amémonos siempre
para extrañarnos dormidos
extrañémonos dormidos
para reencontrarnos despiertos.

Para amarnos más
para amarnos de nuevo
para amarnos como antes
para amarnos como siempre
para amarnos como hoy
para amarnos como ayer
para amarnos como nunca
para amarnos.

Pecado añorado

Eres quien despierta la pasión
despejando la neblina de conformidades
despejando la neblina de oscuridad y vela
despejando la neblina de vela y oscuridad.

Y con migas de tu boca
alimentas a la bestia
quien llena de zozobras
hoy se sienta en tu mesa
de sordas miradas
que dibujan un sendero
de espinas
de labios cerrados
de manos atadas
de un corazón tan comprometido
como aquel que nace para morir
como querer y no poder vivir.

Pero el ciego no peca al caer
peca al no levantarse.

Y al llegar la hora previa
la campana sonará sólo una vez
la advertencia es sólo un anuncio
propaganda en un pedazo de papel
el honor también deja marcas en el pecho
y en ocasiones me arrepiento del ayer
la cautela será la soga que me ate
aunque ignore qué tan profundo he de caer.

Por si alguna vez vives

La vida no es lo que hay
es lo que ves en ella
la vida no es lo que comes
es lo que te llena
la vida no es el sonido
es lo que escuchas
la vida no es lo que es
es lo que puede ser
es lo que quieres que sea
lo que sientes que sea
lo que vives que sea
no es el pasado
es lo que fue de ti, lo que fue del tiempo
no es el mañana
es lo que será.
Lo que no vivas hoy
no lo vivirás nunca
y lo que vivas hoy
no lo volverás a vivir,
vivir no es la vida
la vida es vivir
y más que vivir, es cómo vivas
y más que cuánto vivas
es cuánto hayas querido vivir
y cuánto hayas vivido en vida.

Quiero llevarme la vida

Quiero llevarme la vida
conmigo,
hasta mi muerte.
Para no morirme solo
como ya murieron otros
como ya murieron tantos.

Quiero preguntar por ti
en cada esquina,
en cada calle
en cada casa.
Para escuchar tu nombre
en cada boca que bese
en cada susurro del viento.

Quiero financiar un recuerdo
con pedazos de mi ira
y el saldo de tu felicidad
que es mi riqueza
y mi tesoro.

Quiero atravesar los muros
como un león ciego
como un anciano enfurecido
los muros que nos destruyen
los muros que nos separan.

Quiero recortar la distancia
y comerme tus pasos
esos que te han separado de mí,
esos que te han puesto en mi contra.

Quiero llevarme la vida
conmigo,
hasta mi muerte.
Para hacerte compañía
estés donde estés
Sin tanto buscarte,
Para vivir contigo
Eternamente.

Quiero llevarme la vida
conmigo,
hasta mi muerte.
Para esperar por ti
un poco más
seguro de que vendrás.

Sofía

A mi pequeña sonrisa
que corre como sin prisa
a esa pequeña sonrisa
tan llena de mí, tan llena de vida.

Hoy quiero contarte niña
aunque hoy no entiendas esto
tu vida es tan tuya como tan mía
y lo mío es tuyo, yo te lo ofrezco.

A manos llenas
a manos puras.

No tienes que pedir nada
muñeca de pies pequeños
no debes de decir nada
lo mío, lo tuyo, lo nuestro.

Yo no estoy aquí para verte sonreír
pero sonríes y yo vivo
yo no estoy aquí para verte vivir
pero vives y yo existo
yo estoy aquí para hacer por ti
lo que por nadie antes había hecho
estoy aquí para que vivas así
tan libre como el mismo viento
yo estoy aquí
desde hace mucho, mucho tiempo
sólo por ti
a tiempo lo entiendo.

Tus manos serán constructivas
lo sé, lo sé, yo lo siento
tus ojos serán vida misma
y tu vientre será un universo
lo sé, lo sé, yo lo siento.

Soy como el fuego

Soy como el fuego
que arde incansable y apasionado
que transforma todo a su paso
y me esfumo hacia lo alto
y te llevo conmigo,
porque
Soy como el humo
que asciende sin temor
que se esparce entre tu cielo
y te llevo conmigo
porque
Soy como el cielo
infinito, impenetrable
desplazándome entre tu aurora
bendiciéndote con mi lluvia
y te llevo conmigo
porque
Soy como la lluvia
pedazos de vida desplomándose sin miedo,
caricia divina que baña tu cuerpo
me deslizo en tu piel hasta morir en el suelo
y te llevo conmigo
porque
Soy como el suelo
soy tierra, soy vientre, soy pan
la semilla que tus manos hoy me otorga
la promesa del árbol que germina
y te llevo conmigo

porque
Soy como el árbol
muero de pie, en mi callada soledad
esperando a que aparezcas
para desmembrarme a tu tacto
me sacrifico, me destruyo, me hago leña
y te llevo conmigo
porque
Soy como la leña
a veces tosco, a veces seco
y en mis entrañas, ruge un crujido
que corre cual sangre por mis venas,
galopa un torrente de pasión que es como el fuego
y te llevo conmigo
porque
Soy como el fuego.

Tan sólo te vea pasar

Por qué no soltarnos las manos
si siempre caminaremos juntos
para qué dividir nuestros destinos
si nuestras almas están enredadas
están como comiéndose vivas
están solas y acompañadas.

Si antes te viera pasar
serías tan libre como ajena
tan basta como la arena
si antes te viera pasar.

Ahora te veo venir
tan segura como la mañana
como la luz de un alba temprana
ahora te veo venir.

Si antes te viera pasar
Tal vez me tragaría un hola
me voltearía como una caracola
si antes te viera pasar.

43

Ahora te veo venir
y mi alma no siente prisa
soy frágil como una brisa
ahora te veo venir,
y me pregunto hora tras hora
y me desvelo hasta la aurora
con la paciencia
y sin la demora
pidiendo al cielo
y a aquel que llora
que nunca viva aquel momento
que se lo lleven todas las olas
el día aquél en que yo...
Tan sólo te vea pasar.

Tómalo o déjalo

Tómalo o déjalo
a mí ya de qué me sirve
ya para qué lo quiero.

Tómalo o déjalo
haz de él
lo que quieras,
al fin,
ya no es mío.

Tómalo o déjalo
destrúyelo
o cuídalo,
sólo tú puedes.

Y aunque ahora
no lo quieras
y aunque ahora
no te importe,
o tal vez
no sea lo que esperabas
Tómalo o déjalo
pues este corazón
ya te pertenece.

Tu figura desnuda

Abrupto cambio le dio tu figura desnuda
a la ética que me acompañaba desde la cuna,
a los valores idealistas
que se quedaron afuera
cuando cerraste la puerta.

Y aún más profundo
que la oscuridad
era tu voz,
y aún más profundo
que el silencio
era mi miedo.

Colgué mis escamas en una silla,
como le ordenaste a mi oído
me sentí más desnudo
que el día en que había nacido,
me sentí vencido
caer de rodillas.

Y todo fue tan rápido
que durará para siempre
cuando cierro los ojos
y más cuando los abro
porque comer de tu piel
por beber de tu perfume barato.

Un tercero

Más firme que el dolor, era el frío,
corta era la vida, en la eternidad de mi cuarto
era mudo silencio, calvario, martirio,
se anunciaba el inicio reverso de un parto.

No llamaste a la puerta y estabas adentro
cual rama de otoño temblaba este cuerpo
la muerte visita cuando tiene tiempo
el frío tiene olor y el tiempo aliento
el pan es pan aunque el trigo sea viejo
soledad inconsciente, callaste ante el silencio
de la muerte.

Gracias por que fuiste momento amargo
llena de resabios, intolerante retardo
creatura que de su madre muerde la mano
se fue la agonía dejándote a cargo.

Cual si la arena temiera ser tiempo
si soy yo quien invade tu absoluto silencio
y tú quien canta a mi lado, mientras yo duermo.

Soledad, vela esta noche mis sueños
que no encuentre en la noche, un tercero.

Y la boca me sabe a café

Y la boca me sabe a café
Me sabe a mañana y a canto de gallo
Como a leña verde
Me sabe a té, semilla y tallo
Tal vez porque quiero verte
Tal vez porque el tiempo no para
Tal vez porque aún extraño
Cómo era la mañana
Los olores del viejo hogar
El fuego lento y la brisa temprana
Aquellas cosas que ya no vendrán.

Yo soy el vino

I

Yo soy el vino
vengo de la planta
y como la planta,
vengo de la tierra
de la tierra roja
de la tierra negra
de la tierra donde yacen los cuerpos
de la tierra donde duerme el hombre
eternamente, y sin prisa
aguardando para ser parte de mí,
de mi fruto
y así, ser parte de sí mismo.
Porque yo soy el vino
vengo de la planta
y como la planta
vengo de la fruta
de la fruta dulce
de la fruta amarga
la fruta de la cual el hombre forma parte
para encontrarse con sí mismo
cuando me separen de mi vástago
cuando me priven del viento
cuando me priven del sol
cuando me priven de la lluvia
de la misma vida.

II

Yo soy el vino
vengo de la planta
y como la planta

vengo de las manos
de las manos fuertes
de las manos cansadas
de las manos que oprimen
que me desgarran
y me privan del rocío
y me encierran en una tumba oscura
silenciosa, morada.
en donde extraño, en donde sufro
en donde aprendo a odiar
a no olvidar
que fui masacrado
agitado en remolinos
de pesadillas eternas
eternas y rojas como la sangre.
Porque yo soy el vino
vengo de la sangre
de la sangre que galopa
de la sangre que espera
paciente, callada
sin olvidar
porque vengo de la tierra,
vengo de la fruta, vengo de las manos
porque soy la misma memoria
soy el reflejo del pasado
en mí está el hombre muerto
en mí yace el hombre que espera,
que viene de la tierra
que viene de la fruta, que viene de las manos.
Y juntos esperamos
pacientes, callados
para el ser de nuevo parte de sí mismo
para ser yo de nuevo parte del rocío.

III

Yo soy el vino
vengo de la planta
y como la planta
vengo del hombre,
del hombre que ya no espera,
del hombre impaciente
impaciente por vivir
impaciente por ser parte de sí mismo
y así, el hombre ajeno
el hombre que no forma parte de mí
se vuelca de ansiedad
y se deja ir, y se deja llevar
sin tiempo, sin espacio
sin conciencia, sin espacio.
Empieza a olvidar que yo no olvido
que yo soy la misma memoria
que soy el reflejo del pasado.
Porque yo soy el vino
vengo de la planta
y como la planta,
vengo del pasado
del pasado ahora impaciente
del pasado que no olvida
y a mi lado, el hombre es alegre,
el hombre es feliz ingenuamente
a mi lado el hombre es más hombre
ya no teme, ya no finge
ya no le duele la vida
y se vuelca de ansiedad
y se deja ir, y se deja llevar
sin tiempo, sin espacio
sin conciencia, sin espacio.

IV

Yo soy el vino
vengo de la planta
y como la planta
vengo de la memoria
de la memoria misma
de la memoria añeja
de la memoria que persigue al hombre
de la memoria que atormenta al hombre
que lastima, que revive, que renace.
Y el hombre no es más hombre
y el hombre feliz sufre ingenuamente
y el hombre que es tierra
es uno con el hombre que es manos
para descargar sus penas
para llorar juntos
para suprimir su ignorancia
y la de los suyos
para librar sus demonios
y yo canto como el ave
y canto.
Yo soy el vino
vengo de la planta
y como la planta
vengo del dolor,
del dolor de mis penas
del dolor de las penas del hombre,
del hombre que es manos
y ahora es bestia
que ahora canta insultos y muerde penas.
Su dolor es el de sus hijos
y de sus mujeres son sus penas
y él condena y él destruye
y se baña en la sangre
de su prole, de su hermano

y así,
el hombre que era manos
se transforma en el hombre que es tierra.
Para esperar
eternamente y sin prisa
y me lleva consigo
en su sangre, en su pena
hasta la tierra
para que espere con él
para que no esté solo.

V

Yo soy el vino
y con el hombre vuelvo a ser tierra
vuelvo a esperar
eternamente y sin prisa
para ser planta
para ser fruta
para reír con el viento
para cantar con el sol
para llorar con la lluvia
para esperar el rocío.
Y ser uno, y ser nadie
y ser la vida misma,
porque yo soy el vino
vengo de la planta
y como la planta,
vengo de la vida.

www.ingramcontent.com/pod-product-compliance
Lightning Source LLC
LaVergne TN
LVHW091934070526
838200LV00068B/1214